**YUNA SOMMER RAKHMANKO** – GESCHICHTE UND CHARACTER DESIGN
**MIKKEL SOMMER** – ZEICHNUNGEN

# KARATE POLICE

avant-verlag

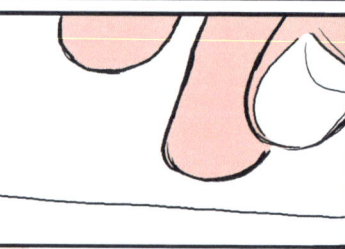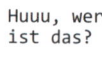

Hi Mayo, ich liebe dich. Versprichst du mir, dass du mich auch liebst? Ich glaube, ich liebe dich. Es kribbelt in meinem Bauch, wenn ich in deiner Nähe bin. Ich habe ein bisschen Angst, dir zu sagen, wer ich bin. Schick bitte den Brief zurück, schreib einfach an die Nummer 122.

Huuu, wer ist das?

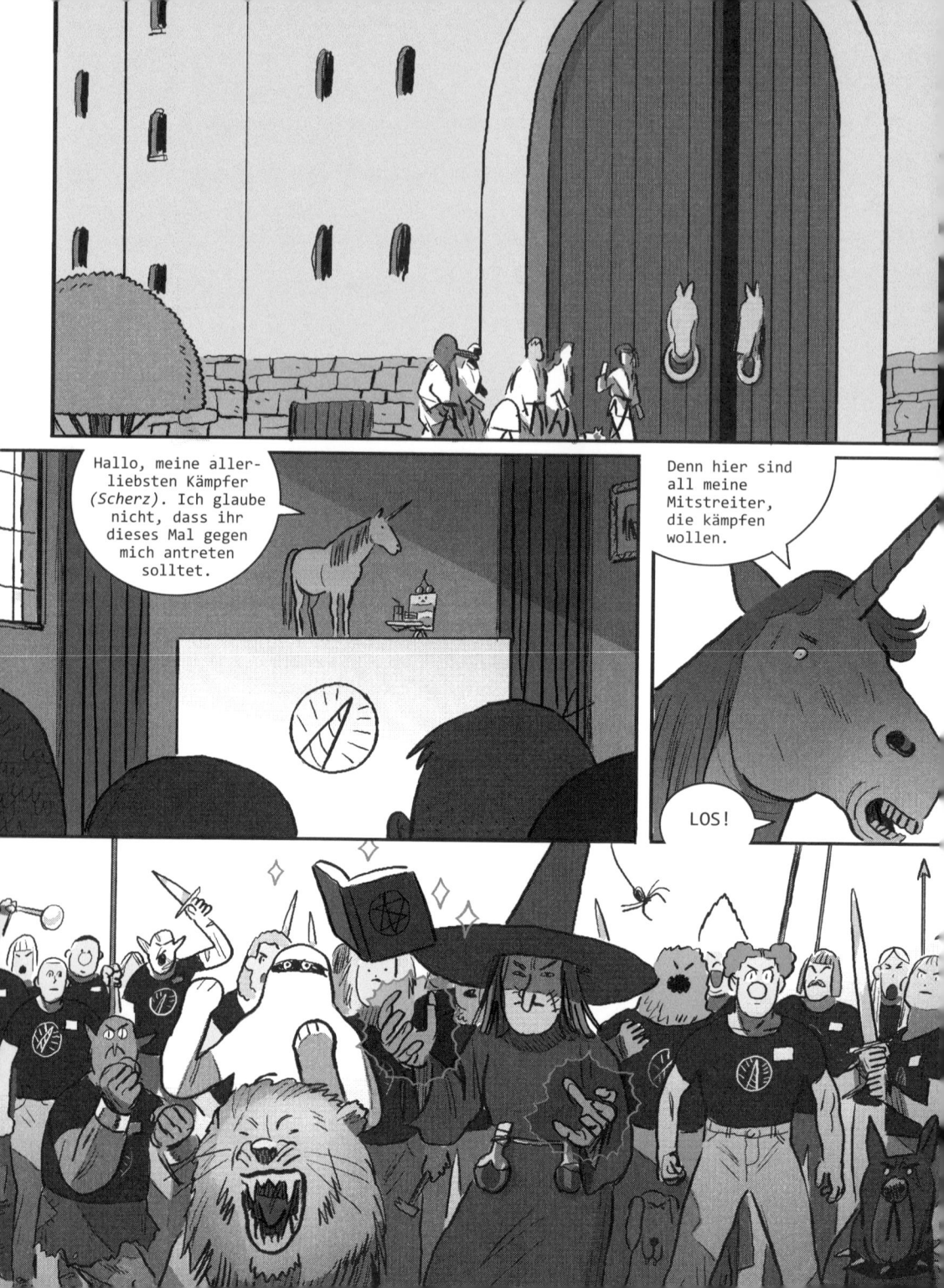

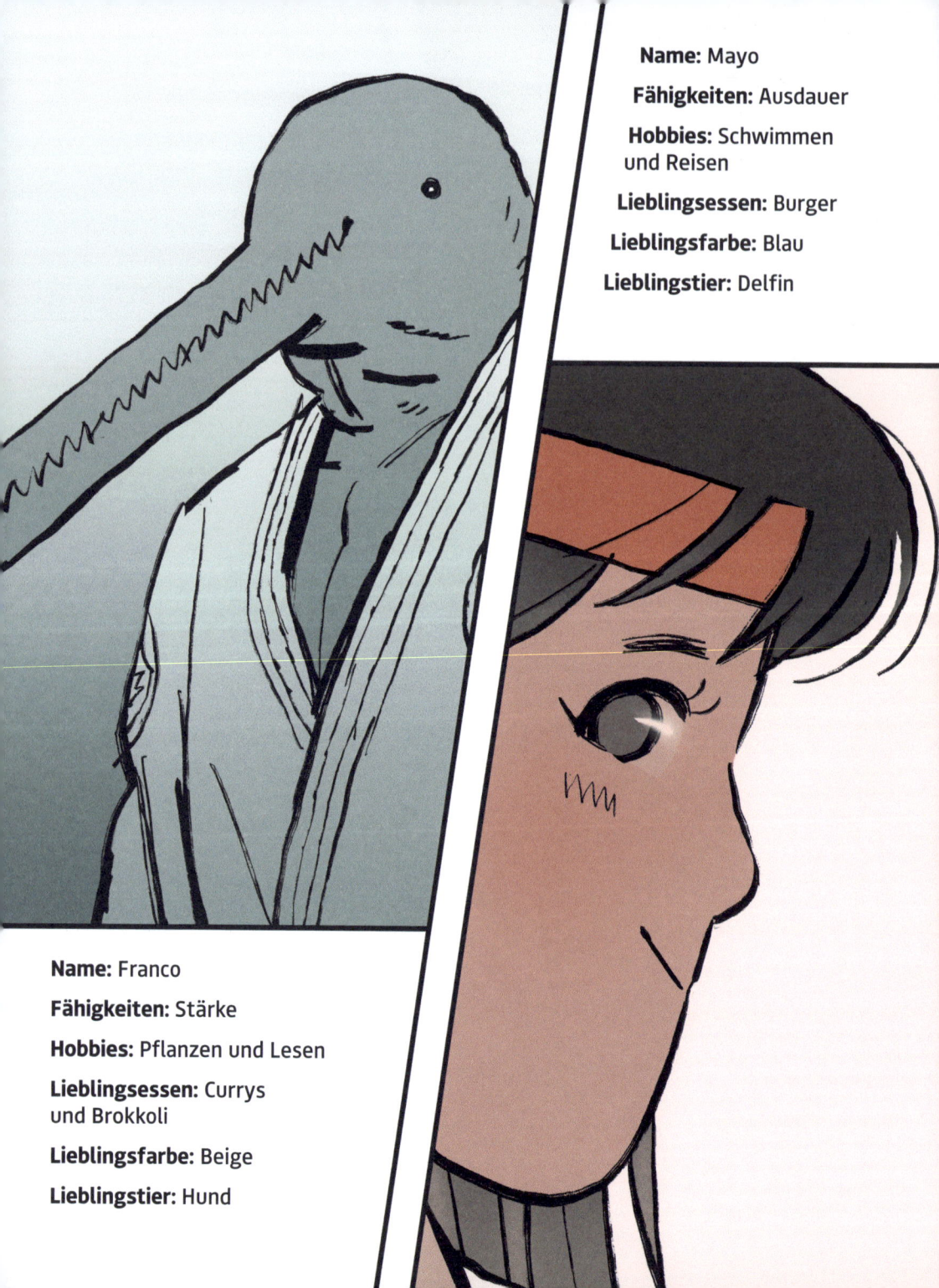

**Name:** Mayo
**Fähigkeiten:** Ausdauer
**Hobbies:** Schwimmen und Reisen
**Lieblingsessen:** Burger
**Lieblingsfarbe:** Blau
**Lieblingstier:** Delfin

**Name:** Franco
**Fähigkeiten:** Stärke
**Hobbies:** Pflanzen und Lesen
**Lieblingsessen:** Currys und Brokkoli
**Lieblingsfarbe:** Beige
**Lieblingstier:** Hund

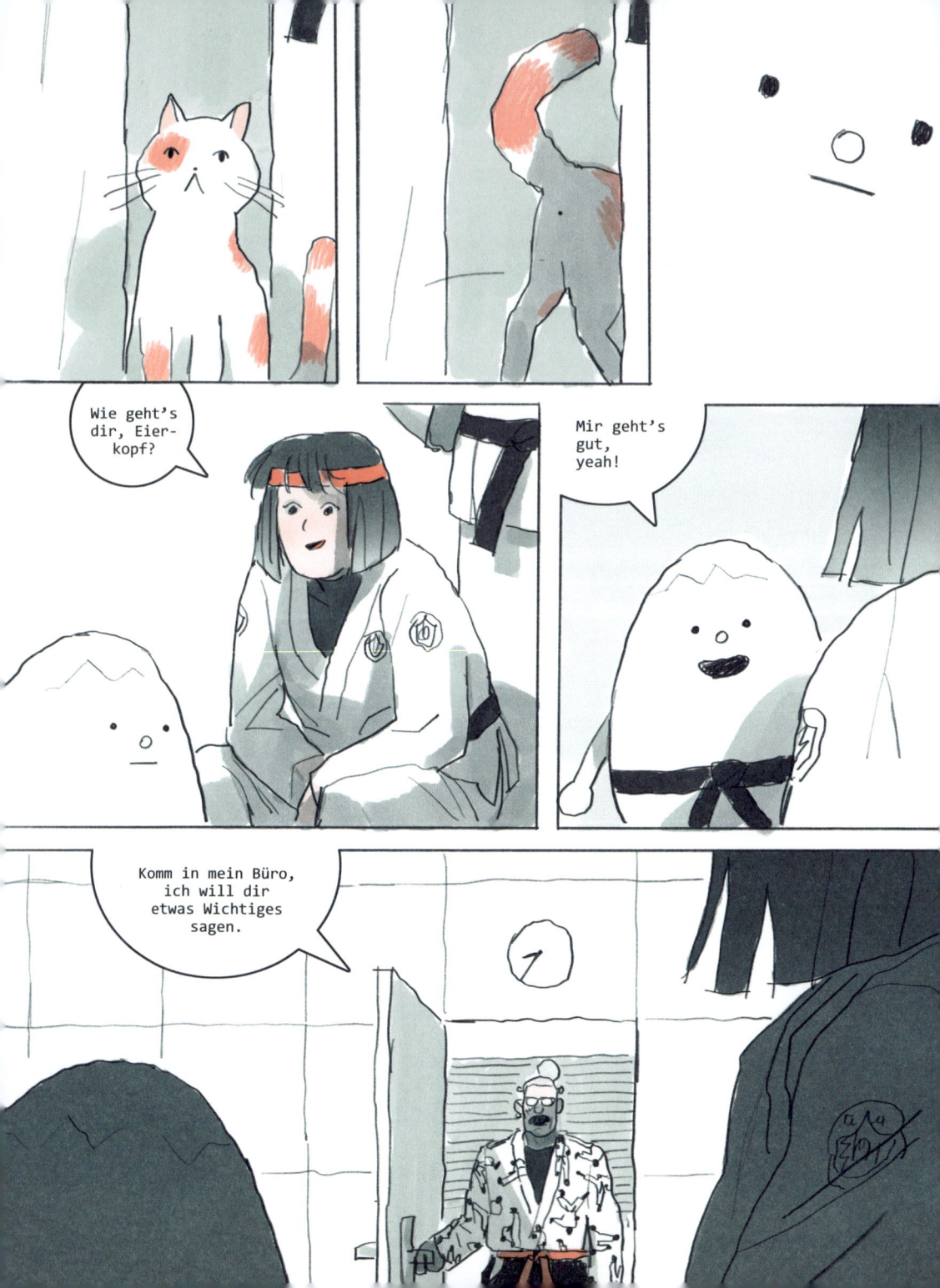

ACHTUNG!

POMF

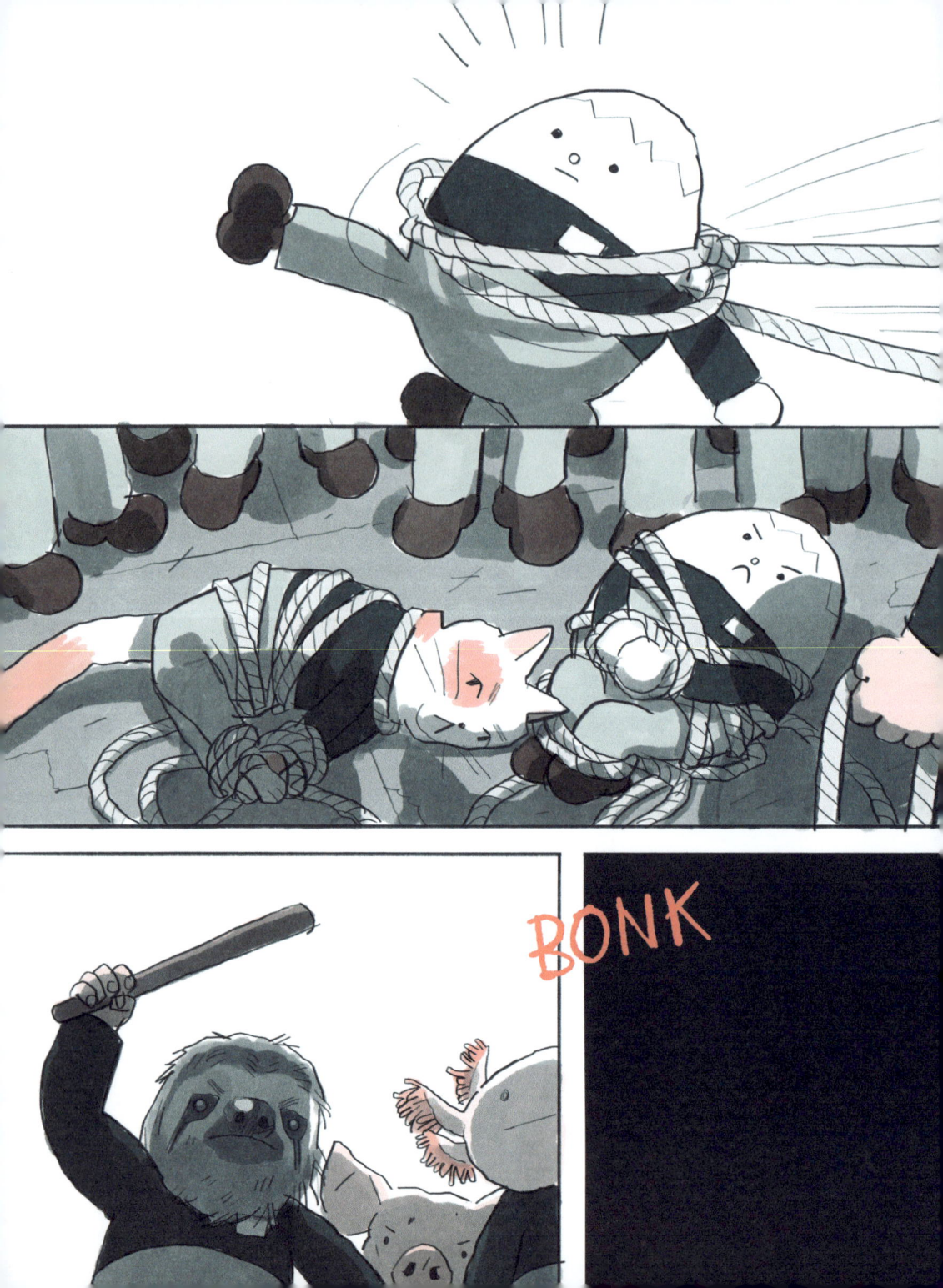

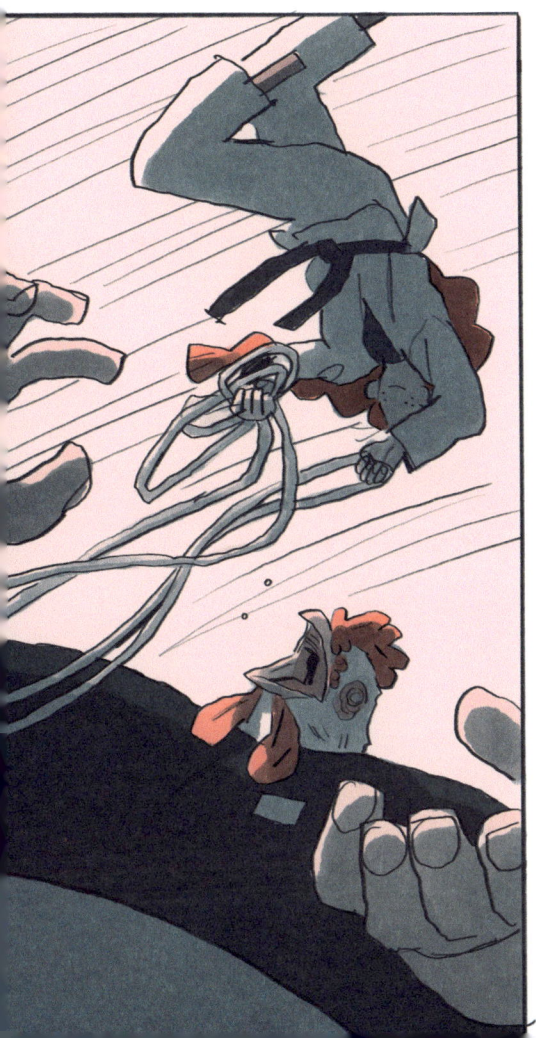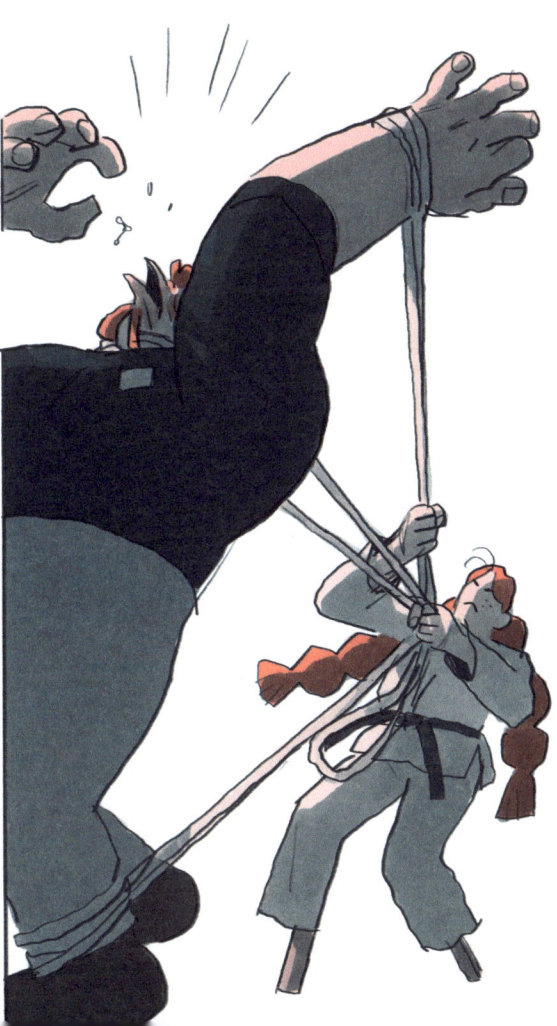

Ende

Willkommen zu einer kleinen Einführung in Karate! Ich bin Elma. Ich trage einen schwarzen Gürtel und ich lerne und trainiere seit ich 14 Jahre alt bin. Aber es ist nie zu früh oder zu spät, um mit etwas anzufangen. Die Geschichte von Karate lässt sich über Jahrhunderte zurückverfolgen, aber im 20. Jahrhundert wurde es in Japan weiterentwickelt und man unterscheidet verschiedene Systeme und Schulen. Es ist verwandt mit dem chinesischen Kung Fu, und man nutzt hauptsächlich Schläge und Tritte, aber auch Griffe und Würfe. Hier sind einige Beispiele der vielen Stellungen und Schläge:

## STELLUNGEN

**ZENKUTSU DACHI**
(Vorwärtsstellung)

**KOKUTSU DACHI**
(Rückwärtsstellung)

**NEKO ASHI DACHI**
(Katzenstellung)

**M:** Wie bist du auf die Idee mit der Karate-Polizei gekommen und wie alt warst du damals?

**Y:** Ich war vielleicht sechs oder acht. Auf dem Weg zum Turnen kam mir die Idee für die Karate-Polizei. Papa hat mir Fragen gestellt und ich habe sie beantwortet und mir die Sachen ausgedacht. Wir hatten zwei Themen, die wir unbedingt machen wollten. Das eine waren Monster und das andere war Liebe, und ich sollte mir eine Geschichte ausdenken.

**M:** Wer ist dein Lieblingscharakter in der Geschichte?

**Y:** Ich mag viele. Ich mag Eierkopf und die Katze. Und ich mag Mayo sehr, und Pip ist auch total cool.

**M:** Hast du Ideen für andere spezialisierte Teams?

**Y:** Nein, bislang nicht, aber es könnte welche geben. Eine Einheit auf Motorrädern, Polizei auf Fahrrädern.

**M:** Was könnte die Polizei in der echten Welt deiner Meinung nach von der Karate-Polizei lernen?

**Y:** Sie könnten Karate lernen und auf Missionen gehen, aber auch einfach Spaß haben und miteinander reden. Und es ist keine leichte Arbeit. Man kann nicht nur rumsitzen. Man muss viel kämpfen.

**M:** Bisher haben wir nur von der Stadt Flutata gehört. Könntest du dir vorstellen, die Welt zu erweitern und Geschichten zu erzählen, die andere Städte, Gegenden oder Länder umfassen?

**Y:** Ja, das könnte eine gute Idee sein. Sie könnten an verschiedene Orte reisen. Vielleicht nach Paris, aber das ist eine komische Stadt. Ich weiß nicht. Vielleicht eine Unterwasserstadt, in der alles aus Glas ist, wo die Straßen Tunnel sind, in denen Luft ist.

Hier ein kleines Interview, das ich mit Yuna über unseren Comic geführt habe!

**M:** Hast du noch weitere Ideen für die Karate-Polizei?

**Y:** Es könnte eine Geschichte darüber geben, wie ihr Chef aufgewachsen ist. Als sie jung waren. Vielleicht auch eine Geschichte über Franco, das Krokodil. Zum Beispiel müsste der Chef gefährliche Dinge tun, viele Tests machen, um zum Chef zu werden, einige der gefährlichsten Missionen ausführen.

**M:** Wenn du eine Geschichte mit anderen Figuren, Welten oder Genres erfinden müsstest, was würdest du tun?

**Y:** Dann würde ich vielleicht keinen Comic machen, sondern ein normales dickes Buch/Roman, mit ein paar Zeichnungen darin, über eine Mücke. Genauso wie es viele Bücher über Menschen gibt, über ihr Leben und solche Dinge. Dieses Buch würde das Leben einer Mücke behandeln. Und es gibt ein paar Zeichnungen darin. Über die schwierigen Dinge, die es mit sich bringt, eine Mücke zu sein. Über Menschen, die sie fangen, über ihr Leben und ihre Probleme. Es könnte auch ein Buch über ein Kind und seine Familie sein, die sich aus einem Bus ein Haus gebaut haben und damit auf Abenteuerreise gehen. Und ein anderes über die alten Zeiten, als es noch keine Mode gab. In einer Stadt gab es aber ein Kind, das etwas davon verstand und es allen anderen Kindern beibrachte, und dann machen sie große Modenschauen. In einem anderen geht es um ein Computerspiel, in dem man sehr klein ist und in einer engen Bahn herumlaufen und sich vor großen Füßen verstecken muss und solche Sachen. Und dann wird es immer schwieriger, und es gibt Hunde und so was. Katzen. Die Füße werden größer und man muss weglaufen. Und wenn dann noch ein großes Kind da wäre, könnte es ein Puppenhaus geben und man könnte darin wohnen.

**M:** Hast du irgendwelche Ratschläge für diejenigen, die sich mit der Ideenfindung schwer tun?

**Y:** Manchmal muss man sich einfach nur umsehen und findet etwas, wie zum Beispiel das Fernsehen oder so, und dann kann man daraus Ideen schöpfen. Man muss sich nur umsehen. Oder man holt sich Ideen von Anderen und mischt sie dann ein bisschen durcheinander.

**M:** Bist du der Meinung, dass Kinder arbeiten sollten, wenn sie dafür bezahlt werden?

**Y:** Nur wenn sie es wollen. Wenn ein Kind in einem Café oder ähnlichem arbeiten möchte, dann sollte es das auch können. Wenn es schwierig wird, können sie kündigen und wenn sie wollen, können sie Geld bekommen. Wenn sie nicht arbeiten wollen, müssen sie es nicht.

**M:** Wie ist es, mit deinem Vater zu arbeiten?

**Y:** Lustig. Es ist lustig. Und gemütlich. Wir können uns immer gegenseitig direkt Fragen stellen, wir müssen nicht telefonieren.

**M:** Was für Zukunftspläne hast du?

**Y:** Ich möchte ein schönes Haus besitzen und ich möchte verschiedene Jobs haben. Ein Café eröffnen und Roboter bauen, die für mich arbeiten. Und ich hätte gerne ein Zuhause in verschiedenen Ländern. Wenn ich nicht da bin, können sich die Roboter darum kümmern. Und ich möchte Tattoos machen. Und Bücher schreiben, übersetzen und illustrieren. Und bald möchte ich lernen, wie man Gitarre und Schlagzeug spielt.

**M:** Wenn jemand die Rechte kauft, um aus *Karate Police* eine Netflix-Serie oder einen Hollywood-Film zu machen, wofür würdest du das Geld ausgeben?

**Y:** Einiges davon würde ich an arme Menschen geben. Dann reisen. Ich würde nach Japan, China und Italien reisen. Und ich würde gerne einen Teil des Geldes für ein Sommerhaus verwenden. Und einiges davon würde ich dir und Mama und Oma und Anne schenken.

Danke fürs Lesen unseres Buches. Tschüssi!

**KARATE POLICE**
Geschichte und Character Design: Yuna Sommer Rakhmanko
Zeichnungen: Mikkel Sommer
ISBN: 978-3-96445-097-5

© Mikkel Sommer & Yuna Sommer Rakhmanko, 2023 – all rights reserved
© für die deutsche Ausgabe, avant-verlag GmbH, 2023

Lektorat: Johann Ulrich
Korrekturen: Stephan Pless
Gestaltung & Herstellung: Thomas „キュウリ" Gilke
Herausgeber: Johann Ulrich

avant-verlag GmbH · Weichselplatz 3-4 · 12045 Berlin
info@avant-verlag.de

Mehr Informationen & kostenlose Leseproben finden Sie online:
*www.avant-verlag.de*
*www.facebook.com/avant-verlag*
*www.instagram.com/avant_verlag*